Elfie Bohne

Fensterbilder Alphabet

FALKEN

Weitere Ideen zum Thema Fensterbilder findet man nicht nur in den FALKEN Serien Schönes Hobby und Schönes Hobby Junior, sondern auch in den Bänden:
Bastelbuch für Kinder (4254)
Heut basteln wir mit Pappe und Papier (4413)
Die schönsten Fensterbilder (1066)
Fensterbilder rund um die Welt (1411)
Fensterschmuck (1241)

ISBN 3 8068 5242 1

Umschlaggestaltung: Jürgen Szillat
Titelbild: Michael Zorn, Wiesbaden
Fotos: Art TEC Photo Design Gerhard Burock, Wiesbaden-Naurod
Zeichnungen: Rolf Dähler, Bad Schwalbach
Hamsterillustration: Hartmut Dietrich, Wiesbaden
Reinzeichnung des Vorlagebogens: Ulrike Hoffmann, Bodenheim

Satz: Fromm Verlagsservice, Idstein
Druck: U. E. Sebald GmbH, Nürnberg

817 2635 4435

Inhalt

Grundtechnik

Bestimmt hast du die meisten Materialien, die du zum Anfertigen der Fensterbilder benötigst, schon zu Hause. Vielleicht reichen eventuell vorhandene Tonkartonreste (ca. $240g/m^2$) auch noch für zwei bis drei Buchstaben; die kleinen Motive kannst du auf jeden Fall aus Resten zuschneiden. Fotokarton ist ungeeignet, da er zu stark ist und sich nur schwer schneiden läßt. Die kleinen Motive lassen sich auch gut aus Tonpapier arbeiten, da es dünner ist als Tonkarton.
Auf den folgenden Seiten zeigen dir die Zeichnungen die ersten Arbeitsschritte. Da diese Schritte bei allen Buchstaben gleich sind, wiederholen wir sie in den nachfolgenden Kapiteln nicht mehr, sondern gehen dort nur noch auf spezielle Schwierigkeiten ein.

1 Pause zuerst den Buchstaben vom Vorlagebogen ab. Es geht ganz einfach, wenn du zwischen Tonkarton und Vorlagebogen ein Stück Kohlepapier legst.

2 Mit Büroklammern den Vorlagebogen, das Kohlepapier und den Tonkarton zusammenhalten, damit sich die Papiere beim Abzeichnen nicht verschieben. Jetzt ziehst du die Linien mit einem Bleistift nach. Bevor du die Büroklammern entfernst, prüfe, ob du alle Linien übertragen hast.

3 Das Motiv erscheint auf dem Tonkarton. Schneide mit einer Schere den Buchstaben entlang der Außenlinien aus.

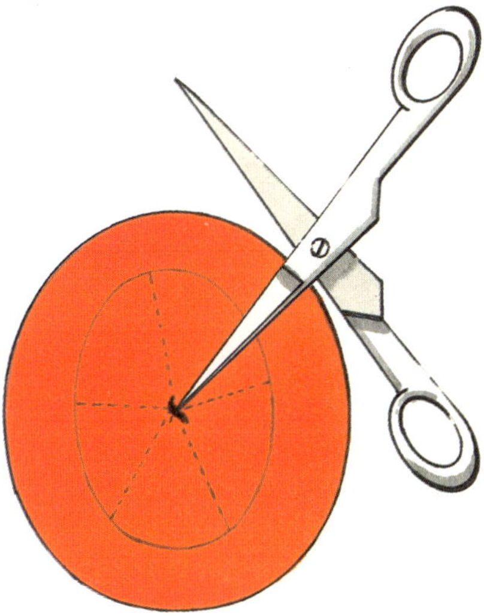

4 Bei Innenausschnitten, wie zum Beispiel beim O, stichst du zuerst mit der Schere in das Innenteil. Von diesem Loch aus machst du ein paar Einschnitte bis an die Innenlinie. Nun läßt sich der Ausschnitt ganz leicht herausschneiden.

5 Die kleinen Schmuckmotive stellst du genauso her wie unter Punkt 1 bis 3 beschrieben. Wenn alles ausgeschnitten ist, legst du die Motivteile so zurecht, wie du sie auf den Buchstaben kleben möchtest.

6 Nun gibst du etwas Klebstoff auf die Motivrückseite. Nicht zu viel auftragen, damit der Klebstoff nicht an den Rändern hervorquillt. Anschließend klebst du die Motive vorsichtig fest.

7 Bei einigen Motiven mußt du jetzt mit dem Filzstift noch Gesichter, Flügel, Schuppen oder Knöpfe malen. Du mußt dich dabei nicht an die Vorlage halten. Lasse deiner Phantasie bei der Ausgestaltung der Motive freien Lauf.

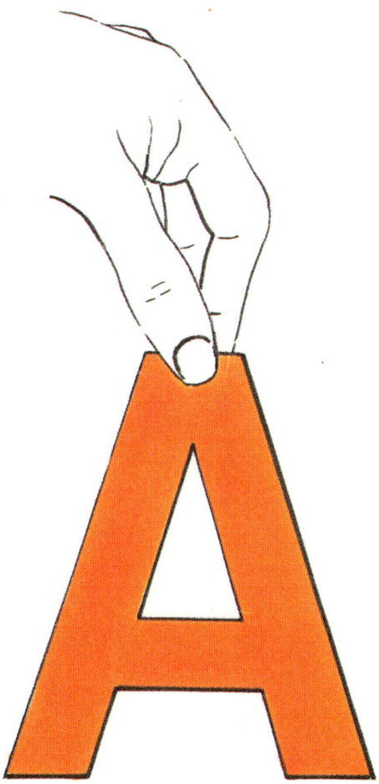

8 Damit der Buchstabe auch geradehängt, solltest du ihn zwischen Daumen und Zeigefinger „auspendeln“. Hast du den richtigen Punkt gefunden, stichst du an dieser Stelle ein Loch für die Aufhängung.
Bei diesem Arbeitsschritt muß dir sicherlich ein Erwachsener helfen, denn das „Auspendeln“ ist nicht ganz einfach.

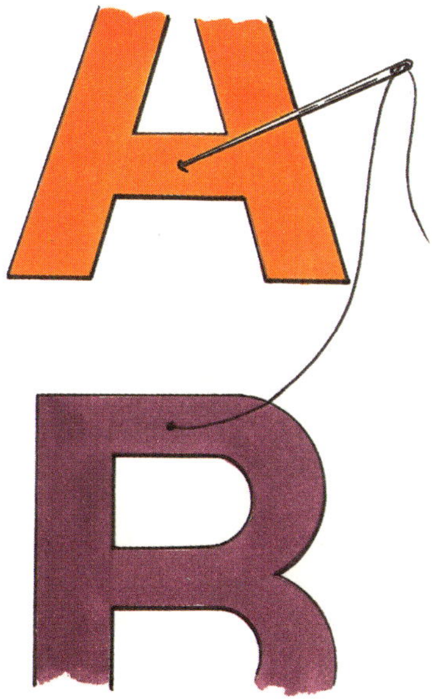

9 Mit einer Nadel und einem Faden verbindest du die einzelnen Buchstaben zu einem Wort.

10 Die Buchstaben kannst du ins Fenster oder an die Wand hängen. Beispiele, wie du die Buchstaben zu einem Wort aneinanderreihen kannst, findest du auf Seite 24.

Das ABC

Pritt Alleskleber
ohne Lösungsmittel
oder Pritt Klebestift
Schere
Büroklammern
Filzstift
Bleistift
Tonkarton
Kohlepapier
Nadel und Faden

ABC Wir haben das **A** mit einem Apfel dekoriert; wenn du möchtest, kannst du aber auch eine Ananas aufkleben.

Aus dem Alphabet lassen sich auch hübsche kleine Mitbringsel fertigen. Bist du zum Beispiel zum Geburtstag eingeladen, setze den Namen des Geburtstagskindes aus verschiedenfarbigen Buchstaben zusammen. Die Buchstaben noch mit Blumenmotiven dekorieren, und schon ist ein ganz persönliches Geschenk fertig.

Der schwierigste Buchstabe zum Ausschneiden ist das **B**. Beide Innenausschnitte sind recht klein, so daß du mit der Schere vorsichtig arbeiten mußt.

Klebe das Schmuckmotiv entsprechend deinen eigenen Vorstellungen auf den Buchstaben.
Den Clown kannst du so verändern, daß er das **C** mit beiden Händen festhält, einen Handstand auf dem C macht oder es auf Händen und Füßen balanciert.

DEF Hast du das **D** und den Drachen zusammengeklebt, nimmst du einen Faden und klebst ihn an die untere Spitze des Drachens. Anschließend wickelst du die Drachenschnur vorsichtig um den unteren Balken des Buchstabens. Die Schnur und die kleinen Schleifen mit ganz wenig Klebstoff am Buchstaben festkleben.

Beim Elefanten für den Buchstaben **E** mußt du einfach nur die Außenkontur nachschneiden.
Das lustige Gesicht des Frosches, der sich am **F** festhält, kannst du mit Bunt- oder Filzstift malen.
Das lustige Gesicht des Frosches, der sich am **F** festhält, kannst du mit Bunt- oder Filzstift malen.

GHI Eine richtige Gespensterparty entsteht, wenn die verschiedenfarbigen Gespenster an unterschiedlich langen Fäden am **G** befestigt werden. Wie findest du den Hasen, der mit seinen riesigen Ohren das **H** spazieren trägt? Das Zusammenkleben der Motivteile ist ganz einfach.

Die Igelkinder (Motivvorlage verkleinern) nehmen neben dem **I** Platz, Vater und Mutter Igel tummeln sich an den Fäden. Achte bitte darauf, daß die Buchstaben durch aufgeklebte Motive kein Übergewicht zur Seite bekommen.

G
H
I

Die Kerze besteht aus drei Einzelteilen. Wenn die kleine Kerze fertiggestellt ist, wird sie von hinten an das **K** geklebt. Verwende nur wenig Klebstoff! Das **L** sieht recht lustig aus mit seinen bunten Luftballons. Du kannst sie von vorn und von hinten am L befestigen.

JKL Bei der Jacke werden zuerst die Taschen und der Kragen aufgeklebt. Nachdem du ein paar Knöpfe auf die Jacke gemalt hast, klebst du das fertige Motiv an den Buchstaben **J**.

MNO Achte beim **M** darauf, daß der Mond genau in der Mitte des mittleren Balkens hängt. Schneide noch ein paar kleine Sterne aus, die du auf den Balken des Buchstabens aufklebst.

Ähnlich wie die Sterne kannst du auch die Noten auf dem **N** verteilen. Übrigens, der Aufhängepunkt liegt beim N auf dem schrägen Balken.

Wir wollen es dir überlassen, wo du den Obstkorb mit den kleinen Äpfeln, den Bananen und den Weintrauben auf dem **O** plazierst.

M
N
O

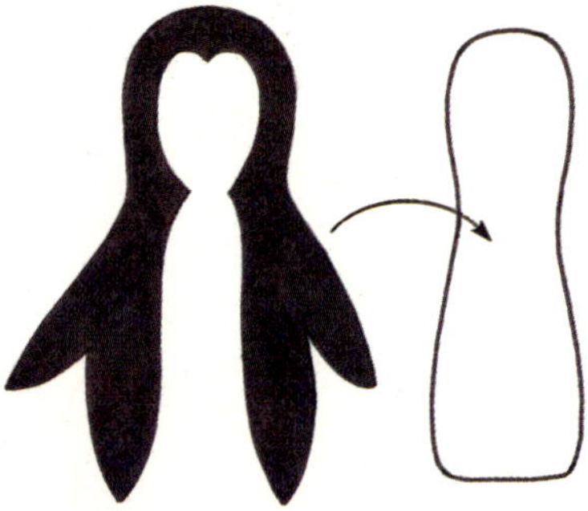

PQRS Hättest du lieber einen kleineren Pinguin auf dem **P**? Verkleinere dann die Motivvorlage mit Hilfe des Kopierers.

Mit den kleinen Tropfen wird aus dem Schirm ein echter Regenschirm, unser Motiv für den Buchstaben **R**.

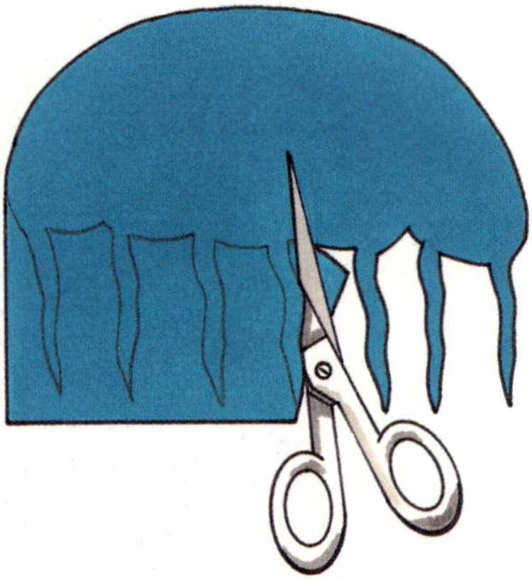

Die Arme der Qualle und die Strahlen der Sonne mußt du vorsichtig ausschneiden, denn sie sind sehr dünn. Befestige die Qualle dann am **Q**.

Beim **S** schneidest du am besten zuerst die Außenkante und dann die Innenkante aus.

P
Q
R
S

TUVW An das fertige Telefon wurden hier zwei Fäden befestigt, an denen das **T** baumelt. Du kannst es aber auch auf dem Querbalken des Ts festkleben.

Das **U** haben wir ebenfalls unter der Uhr aufgehängt.

Mit einem Filzstift malst du die Augen und die Flügel der Vögel, die auf dem **V** sitzen.

Die Sonne mußt du genau in die Mitte des Buchstabens **W** kleben. Dann die Wolke auf der Sonne fixieren.

T
U
V
W

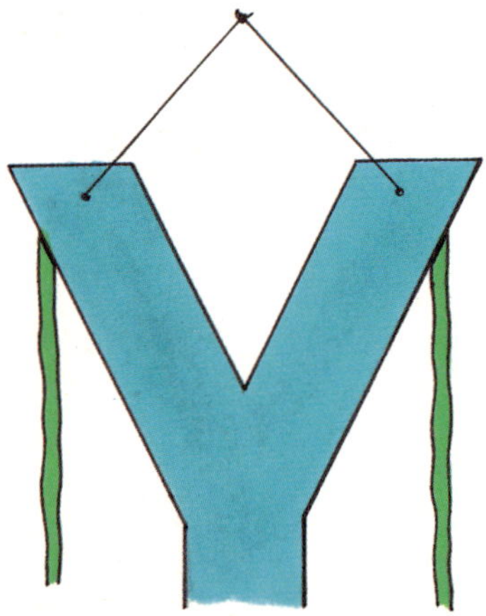

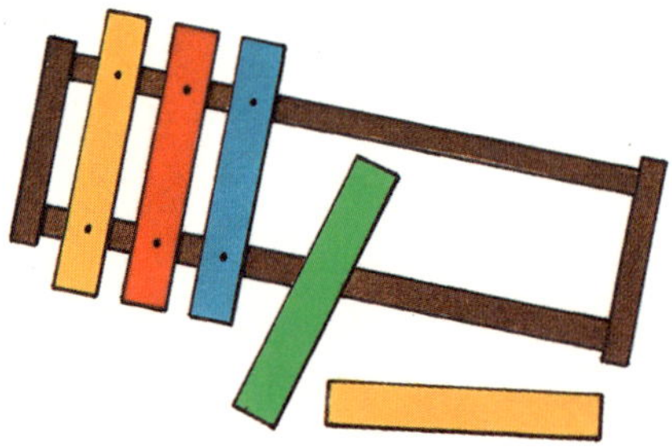

XYZ Die einzelnen Teile des Xylophons sind recht klein. Achte darauf, daß das Xylophon symmetrisch unter dem **X** befestigt wird.
Anstelle der Yo-Yo-Fäden haben wir dünne Streifen aus Tonkarton genommen und damit die Scheiben an jeder Seite des **Y**s befestigt. Die Zeichnung zeigt dir übrigens, wie du das Y am besten aufhängst.

Der kleine Zwerg vom Buchstaben **Z** besteht aus vielen kleinen Einzelteilen. Wenn du alle Teile ausgeschnitten hast, klebe sie sorgfältig zusammen. Erst dann klebst du den fertigen Zwerg an das Z.

X
Y
Z

Wortbeispiele

Pritt Alleskleber
ohne Lösungsmittel
oder Pritt Klebestift
Schere
Büroklammern
Filzstift
Bleistift
Tonkarton
Kohlepapier
Nadel und Faden

Alle einzelnen Buchstaben lassen sich in jeder beliebigen Größe herstellen. Man braucht sie nur mit Hilfe des Kopierers verkleinern oder vergrößern. Besonders schön sehen auch Wörter aus verschiedenfarbigen Buchstaben aus. In diesem Kapitel zeigen wir, wie man die Buchstaben zu Wörtern zusammensetzen kann.

Hast du nicht Lust, ein echtes Buchstabenmobile zu basteln? Mit Hilfe von Holzstäben läßt sich das Mobile ganz leicht herstellen. Hänge die Buchstaben, die du für das Wort benötigst, an lange Fäden und binde diese an den Enden der Holzstäbe fest.

Wie wäre es mit einem Buchstabenbaum? Sicherlich hast du auch selbst noch viele gute Ideen, wie du die Buchstaben aufhängen möchtest.
Natürlich kannst du auch zuerst einen Gegenstand aus Tonpapier basteln und ihm dann aus kleinen Buchstaben seinen Namen aufkleben.
Die Schlange trägt zum Beispiel ihre acht Buchstaben auf dem Rücken.

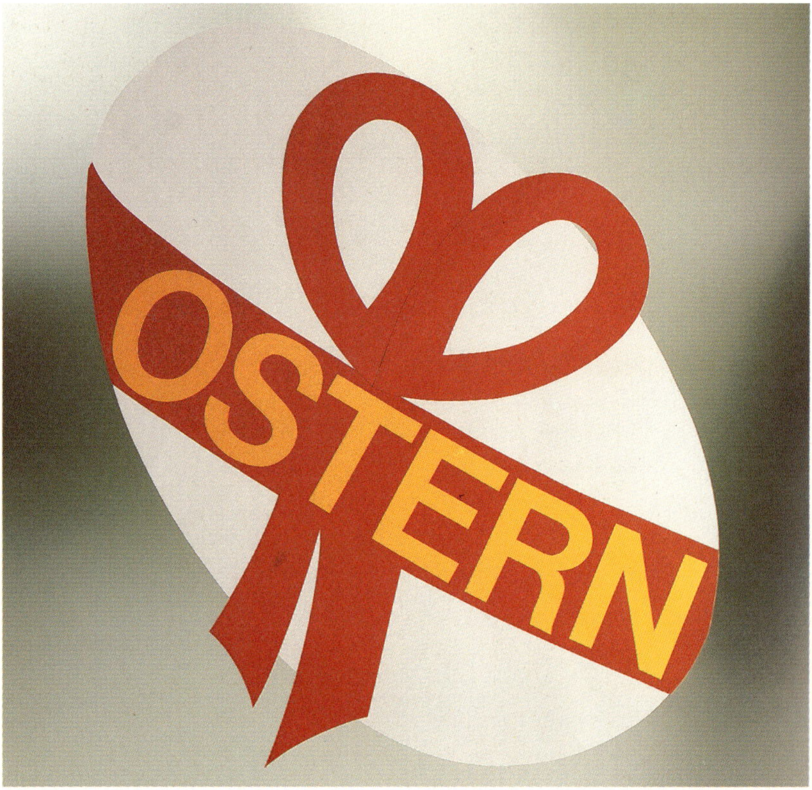

Zu Ostern versteckt der Osterhase viele bunte Ostereier. Vielleicht hast du ja Lust, den Osterhasen zu überraschen. Bastle doch einfach ein riesiges Osterei und klebe das Wort Ostern auf die große Schleife.

Das Ei kannst du zusätzlich noch mit bunten Punkten dekorieren. Als Osterfarben eignen sich sowohl zarte wie auch kräftige Farbtöne.

„Oh Tannenbaum, oh Tannenbaum …“, bastle doch in der vierten Adventswoche einen Tannenbaum mit „Buchstabenkugeln“ für das Weihnachtsfenster. Schneide den Baum aus grünem und die Kugeln (hier Kreise) aus rotem Tonkarton aus.

Die Buchstaben, die du für das Wort „Weihnachten“ brauchst, kannst du aus hellem Karton schneiden. Anschließend dekorierst du jede Kugel mit einem Buchstaben; schmücke dann den Baum. Die kleinen Aufhänger mit Filzstift einzeichnen.

Wähle für den Frühling zarte Farbtöne, die auf das Erwachen der Natur hindeuten. Schneide die Buchstaben aus hellgrünem und gelbem Karton aus, benutze auch für die Motive Tonkarton in zarten Farbtönen. Ein österliches Fensterbild entsteht, wenn du auf die Buchstaben Ostereier und -nester, Hasen und die Osterfahne klebst. Wir haben hier die Buchstaben einzeln auf die Fensterscheibe geklebt. Dadurch entsteht der Eindruck, als wenn auch die Buchstaben, die das Wort „Frühling“ bilden, von den ersten Sonnenstrahlen aufgeweckt würden und nun leicht auf und ab tanzen.

Die Sommerfarben sind bunt und kräftig. Schneide die einzelnen Buchstaben in verschiedenen Farben aus. Am besten nimmst du auch kräftige Farben für die kleinen Motive. Alle Motive erinnern an schöne Urlaubstage. Vielleicht fallen dir auch noch andere sommerliche Motive (zum Beispiel Blumen) ein, die du gerne aufkleben möchtest. Wenn du möchtest, kannst du die Buchstaben auch nebeneinanderhängen. Probiere es doch einfach mal aus.

Im Herbst fallen die Blätter von den Zweigen, Kinder lassen bunte Drachen steigen, und die Igel verzehren mit Genuß die herabgefallenen Äpfel. Wenn es regnet, basteln die Kinder ihre Laternen für den Martinszug, und wer doch nach draußen muß, nimmt auf jeden Fall einen Regenschirm mit.
Schneide aus braunem Tonkarton die einzelnen Buchstaben aus. Die Farben für die kleinen Motive sollten nicht zu leuchtend sein. Natürlich kann der Herbstwind die Buchstaben einer Wortkette auch mal ganz schön von der Stelle wehen, so wie in unserem Beispiel.

Im Winter liegt Schnee, die Eiszapfen hängen an den Dächern (oder an den Buchstaben), Kinder bauen Schneemänner, laufen Schlittschuh oder fahren mit dem Schlitten den Berg herab. Auch Futterhäuschen, Tannenbaum und Wichtel sind geeignete Schmuckmotive für die „Winter"-Buchstaben, die alle aus weißem Tonkarton geschnitten wurden.

In der Reihe SCHÖNES HOBBY sind ebenfalls erschienen:

Schachteln basteln
ISBN: 3-8068-5170-4

Papierflieger
ISBN: 3-8068-5157-3

Mobiles aus Papier
ISBN: 3-8068-5183-2

Geschenkpapiere selbst gestalten
ISBN: 3-8068-5230-X

Papierblumen
ISBN: 3-8068-5214-6

Schwingtiere aus Holz
ISBN: 3-8068-5222-7

Laubsägearbeiten für das Kinderzimmer
ISBN: 3-8068-5245-7

Seidenmalerei Applikationen
ISBN: 3-8068-5224-3

Geschenke verpacken für Kinderfeste
ISBN: 3-8068-5195-6

Laternen und Lampions
ISBN: 3-8068-5206-5

Kreatives Gestalten mit Papiermaché
ISBN: 3-8068-5246-4

Marmorieren
ISBN: 3-8068-5247-2

Lustige Geschenk- und Schultüten
ISBN: 3-8068-5263-4

Dekorative Schleifen
ISBN: 3-8068-5205-7

Tischdekorationen für Kindergeburtstage
ISBN: 3-8068-5225-1

Ostereier originell dekorieren
ISBN: 3-8068-5219-7

Tischdekorationen für Ostern
ISBN: 3-8068-5220-0

Bastelideen für Indianer Spiele
ISBN: 3-8068-5252-9

Lustige Hüte und Perücken
ISBN: 3-8068-5236-7

Kneten und Modellieren
ISBN: 3-8068-5217-0

Rocailles Perlenschmuck
ISBN: 3-8068-5209-X

Lustige Masken
ISBN: 3-8068-5216-2

Geschenkpapiere selbst gestalten
ISBN: 3-8068-5230-8

Masken phantasievoll dekorieren
ISBN: 3-8068-5155-7

Puppen zum Liebhaben
ISBN: 3-8068-5199-9

Drachen
ISBN: 3-8068-5156-5

Musikinstrumente mit Kindern bauen und spielen
ISBN: 3-8068-5227-8

Originelle Verkleidungen für Kinder
ISBN: 3-8068-5229-4

Schminken für Kinder
ISBN: 3-8068-5177-8

Dekorative Fensterbilder
ISBN: 3-8068-5232-4

Fensterbilder in Scherenschnitt
ISBN: 3-8068-5169-7

Märchenhafte Fensterbilder
ISBN: 3-8068-5185-7

Fensterbilder – Meine Lieblingstiere
ISBN: 3-8068-5197-2

Fensterbilder – Lustige Tiere
ISBN: 3-8068-5210-3

Fensterbilder – Blumen und Tiere
ISBN: 3-8068-5186-3

Fensterbilder in Tiffanytechnik
ISBN: 3-8068-5168-9

Fensterbilder aus Papier
ISBN: 3-8068-5158-9

Fensterbilder für die Osterzeit
ISBN: 3-8068-5244-8

Fensterbilder für Advent und Weihnachten
ISBN: 3-8068-5211-1

Fensterdekorationen für die Weihnachtszeit
ISBN: 3-8068-5181-6

Seidenmalerei – Schmuckkarten und Miniaturbilder
ISBN: 3-8068-5166-2

Seidenmalerei – Tiermotive
ISBN: 3-8068-5204-9

Seidenblumen
ISBN: 3-8068-5200-6

Seidenmalerei – Bilder in Konturentechnik
ISBN: 3-8068-5182-4

Seidenmalerei – Lampenschirme
ISBN: 3-8068-5154-9

Seidenmalerei – Akzente mit Perlen, Pailletten und Straß
ISBN: 3-8068-5248-0

Seidenmalerei – Bäume und Blätter
ISBN: 3-8068-5249-9

Seidenmalerei – Blusen und T-Shirts
ISBN: 3-8068-5184-0

Seidenmalerei – Kissen
ISBN: 3-8068-5151-4

Seidenmalerei – Tücher und Schals
ISBN: 3-8068-5152-2

Seidenmalerei – Blüten, Blätter, Ranken
ISBN: 3-8068-5165-4

Seidenmalerei – Landschaften
ISBN: 3-8068-5153-0

Serti Designo Seidenmalerei mit Kreidestiften
ISBN: 3-8068-5208-1

Basteln für Ostern
ISBN: 3-8068-5164-6

Dekorationen für Ostern
ISBN: 3-8068-5198-0

Meine Weihnachtsbackstube
ISBN: 3-8068-5163-8

Basteln für Weihnachten
ISBN: 3-8068-5162-X

Adventskalender
ISBN: 3-8068-5178-6

Weihnachtssterne
ISBN: 3-8068-5231-6

Tischdekorationen für die Weihnachtszeit
ISBN: 3-8068-5228-6

Jeder Band ist durchgehend vierfarbig und enthält zahlreiche Fotos und Zeichnungen sowie einen Vorlagebogen.